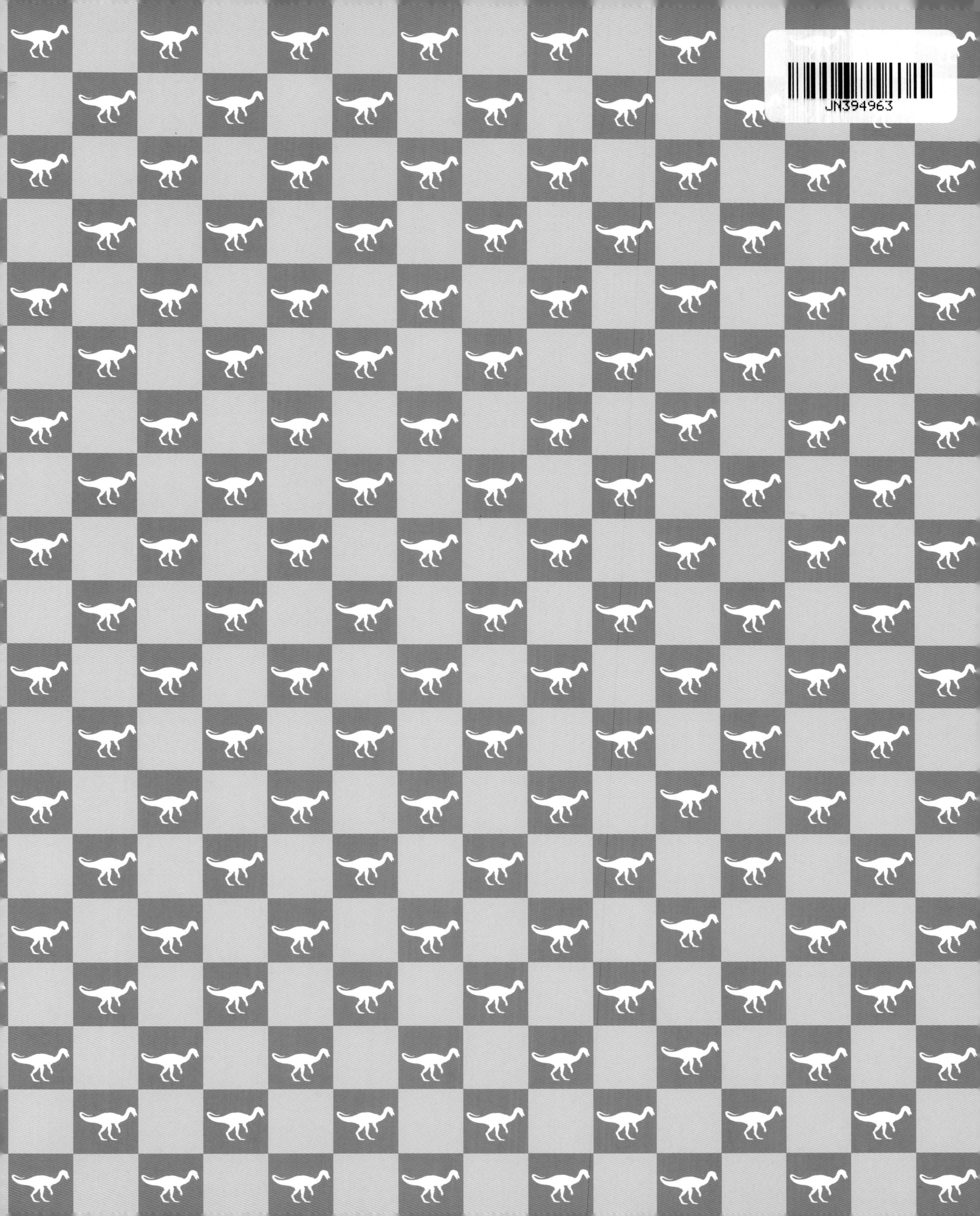

The Dinosaur Atlas

Text by Steve Parker
Illustrated by Peter David Scott (Wildlife Art Agency) and Gary Hincks
Other illustrators Peter Dennis, Inklink Firenze, Steve Kirk, Nicki Palin, David Wright
All rights reserved.
Copyright © 2004 by Orpheus Books Limited

Korean Translation Copyright © 2008 by Kyelimbooks Seoul, Korea
This Korean edition was published by arrangement with Orpheus Books
through PROPONS Agency, Seoul, Korea

이 책의 한국어판 저작권은 PROPONS Agency를 통한
Orpheus Books와의 독점 계약에 의하여 (주)계림북스에 있습니다.
신저작권법에 의하여 한국 내에서 보호를 받는 저작물이므로
무단 전재와 무단 복제를 금합니다.

공룡의 세계

감수 마이클 J. 벤튼
(브리스톨 대학교 고생물학 교수)

글 스티브 파커

그림 피터 데이비드 스콧·개리 힝크스

계림북스
kyelimbooks

지도로 보는 공룡의 세계

초판 1쇄 인쇄 2008년 5월 30일
초판 1쇄 발행 2008년 6월 10일

감수 마이클 J. 벤튼(브리스톨 대학교 고생물학 교수)
글 스티브 파커 그림 피터 데이비드 스콧·개리 힝크스 옮김 K&K
펴낸이 천부덕 편집인 이순영
편집책임 김주희 디자인책임 이현주 디자인진행 권은숙
제작책임 이유근 제작진행 고강석
펴낸곳 (주)계림북스
등록 제300-2007-55호(2000. 5. 22)
주소 서울시 종로구 평동 13-68
전화 (02)739-0121(대표) 팩스 (02)722-7035
이메일 edit@kyelimbook.com
홈페이지 www.kyelimbook.com

차 례

4 공룡은 어떤 동물일까?

6 공룡이 나타났다!

트라이아스기

8 트라이아스기의 지구

쥐라기

10 쥐라기의 지구

12 북아메리카

14 유럽

16 아시아

백악기

18 백악기의 지구

20 북아메리카

22 유럽

24 아시아

28 사라진 공룡들

30 공룡의 재발견

32 찾아보기

26 바다 파충류

공룡은 어떤 동물일까?

공룡은 세상에서 가장 널리 알려진 동물 가운데 하나예요. 하지만 살아 있는 공룡을 실제로 본 사람은 아무도 없지요. 오래전에 모두 사라졌기 때문이에요. 그런데 공룡이 살았었다는 걸 어떻게 아느냐고요? 우리는 '화석'을 보고 공룡에 대한 정보를 알아낼 수 있어요. 화석은 동물의 뼈나 이빨, 발톱 같은 단단한 부분 또는 발자국 같은 흔적이 땅속에 묻혀 있다가 돌로 변한 거예요. 과학자들은 화석을 통해 공룡이 오늘날의 뱀이나 악어, 도마뱀, 거북처럼 비늘이 있는 파충류라는 사실을 알아냈어요. 공룡은 전 세계에 퍼져 1억 6,000만 년 동안 지구를 지배했지요. 하지만 6,500만 년 전에 갑자기 모두 죽고 말았답니다.

도마뱀 (코모도왕도마뱀)

공룡은 몸통 바로 아래 뻗어 있는 곧은 다리로 서고 걸었어요. 공룡처럼 다리가 곧고 똑바른 파충류는 없지요. 오늘날의 도마뱀과 거북을 비롯한 대부분의 파충류는 몸의 양쪽에 다리가 있어요. 그래서 다리가 곧지 않고 무릎에서 구부러져 있답니다.

조치류라고 불리는 원시 파충류는 일반 파충류와 공룡의 중간 정도로 다리가 구부러져 있었어요. 조치류는 공룡보다 먼저 살았던 동물로, 이들 중 일부가 최초의 공룡으로 변하거나 진화했을 거예요. 악어도 반쯤은 똑바로 걸을 수 있답니다.

조치류

공룡

공룡은 작은 고양이만 한 것에서부터 지금까지 땅 위를 걸어다닌 동물 가운데 가장 몸집이 큰 초대형 공룡에 이르기까지 크기가 아주 다양해요. 네 개의 다리, 그리고 적에게 물어뜯기지 않았다면 한 개의 꼬리가 있는 것으로 알려져 있어요. 두 개의 뒷다리로만 걷고 달리는 공룡이 있는가 하면, 네 다리로 터벅터벅 걷는 공룡도 있었지요. 물론 두 다리로 걷다가 마음이 내키면 네 다리로 걷는 공룡도 있었답니다. 대부분의 공룡은 목이 길고 이빨이 많았어요. 하지만 아직까지 알려지지 않은 공룡의 특징이 있어요. 바로 공룡의 몸 색깔이에요. 화석은 몸의 일부가 돌로 변한 것이기 때문에 우리가 볼 수 있는 공룡의 피부 화석과 비늘 화석의 색깔은 그저 돌 색깔일 뿐이지요. 그럼 수많은 공룡 그림에서 본 색깔은 뭐냐고요? 다른 책은 물론이고 이 책에서 보는 모든 공룡 그림의 색깔들은 모두 과학자들의 추측에 따른 것이랍니

조반목 공룡

공룡은 엉덩이뼈 또는 골반 모양에 따라 용반목과 조반목이라는 두 무리로 나누어져요. 용반목은 골반이 도마뱀처럼 생겼고, 조반목은 골반이 새처럼 생겼지요. 크고 작은 모든 육식 공룡과 긴 목과 긴 꼬리가 있는 디플로도쿠스 같은 초식 공룡이 용반목에 속한답니다. 그 밖의 모든 초식 공룡은 조반목에 속하지요.

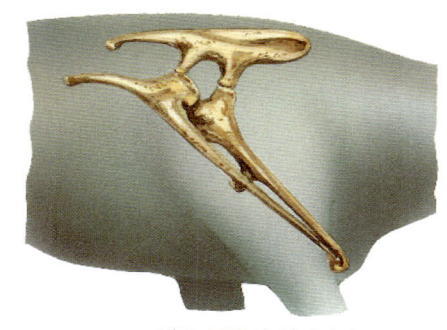
▲조반목 공룡의 엉덩이뼈

조반목 공룡은 엉덩이뼈의 아랫부분(치골과 좌골)이 아래 뒤쪽으로 기울어져 있어요. 이 두 뼈는 서로 평행하게 놓여 있지요.

용반목 공룡은 치골이 아래 앞쪽으로 기울어져 있어요. 이것은 아래 뒤쪽에 있는 좌골과 함께 V(브이) 자를 거꾸로 세워 놓은 것 같은 모양을 이루고 있답니다.

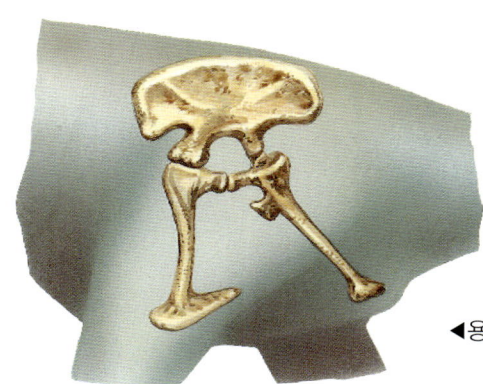
◀용반목 공룡의 엉덩이뼈

오늘날 대부분의 파충류와 모든 새들은 알을 낳아요. 마찬가지로 공룡의 암컷도 알을 낳았답니다. 여러 종류의 공룡 알과 둥지 화석들이 발견되었는데, 막 알을 깨고 나오는 새끼 공룡, 심지어 알 속에 있는 새끼 공룡의 화석도 있지요. 이런 화석들을 통해 암수 공룡은 알을 낳을 둥지를 만들고, 새끼 곁에 머물며 새끼를 돌보아 주었다는 걸 알 수 있어요. 지금은 파충류 중에 악어만 새끼를 돌보아 주지요. 하지만 공룡의 암수가 함께 새끼를 돌보았는지, 아니면 암컷 혼자 새끼를 돌보았는지는 아직 밝혀지지 않았답니다.

다. 악어처럼 어두운 녹색이나 갈색을 띤 공룡도 있었을 테고, 도마뱀이나 뱀처럼 밝은 색을 띤 공룡도 있었겠지요. 아래 그림은 여러 시대에 걸쳐 다양한 지역에서 살았던 공룡들의 모습이에요. 공룡은 모두 몸이 비늘로 덮여 있었어요. 조반목 공룡들은 사나운 육식 공룡들로부터 자신을 지키기 위해 골판과 뿔, 갑옷, 가시를 지니고 있었지요. 용반목 공룡에는 재빠르고 힘센 육식 공룡인 수각류와 목이 긴 초식 공룡인 용각류가 포함되어 있답니다.

수각류   **용반목 공룡**   **용각류**

공룡이 나타났다!

지구에 맨 처음 살았던 동물은 공룡이 아니에요. 공룡은 2억 3,000만 년 전에 처음 모습을 드러냈지만, 최초의 생명체는 30억 년 전에 등장 했답니다. 그 사이에 수많은 종류의 식물과 동물이 진화하고 멸종했지요.

지구의 지질학적 역사는 오른쪽 표와 같이 나눌 수 있어요. 공룡은 이 가운데 트라이아스기와 쥐라기를 거쳐 백악기까지 살았답니다.

이 기간 내내 지구도 많은 변화를 겪었어요. 산은 더 높아지기도 하고, 닳아서 없어지기도 했지요. 또 바닷물이 불어나 육지를 삼키기도 하고, 원래 한 덩어리였던 대륙은 여섯 개로 갈라져 천천히 움직이며 옮겨 갔답니다.

에우스테노프테론
(물고기의 조상)

백만 년		
	제 4 기	최초의 현생 인류
1.8	제 3 기	
65	백 악 기	공룡의 멸종
		최초의 꽃 피는 식물
144	쥐 라 기	최초의 조류
200	트라이아스기	최초의 포유류 최초의 공룡
251	페 름 기	
286	석 탄 기	최초의 파충류
360	데 본 기	최초의 양서류 최초의 곤충
408	실루리아기	
438	오르도비스기	최초의 육상 식물 최초의 어류
505	캄브리아기	
530	선캄브리아기	최초의 조개류
3,500		가장 오래된 화석
4,600		지구의 탄생

트라이아스기

쥐라기

백악기

이 세 개의 지도를 보면 공룡 시대의 지구가 어떤 모습이었는지, 그리고 어떻게 변했는지 알 수 있어요. 트라이아스기에는 모든 대륙이 '판게아'라는 하나의 거대한 초대륙으로 합쳐져 있었어요. 쥐라기에는 초대륙이 몇 개로 갈라져 움직이기 시작했지요. 대륙의 이동은 백악기까지 계속되었는데, 가끔 바닷물이 불어나 땅을 집어삼켰다가 빠져나가곤 했답니다. 이런 과정을 거치면서 대륙의 모양은 점점 변해 갔어요.

힐로노무스(초기 파충류)

에리옵스(양서류)

공룡이 나타나기 바로 전인 페름기에는 파충류가 지구 전역에 퍼져 있었어요. 파충류는 크기나 생김새가 다양했답니다. 그중 디메트로돈은 몸길이가 3미터인 사나운 사냥꾼으로, 긴 뼈로 지지되는 부채 모양의 피부가 등에 높이 솟아 있었어요. 이것은 반룡류라는 파충류의 한 종류랍니다.

디메트로돈

처음에는 바다에만 생명체가 살았어요. 바닷말이나 해파리 같은 원시 식물과 동물은 작고 단순했지요. 물고기는 5억 년 전에 나타났고, 이어서 물가에서 자라는 몇몇 식물이 물 밖으로 나와 육지로 퍼져 나갔답니다. 원시 노래기류와 곤충 같은 작은 동물들이 그 뒤를 따랐지요.

3억 7,000만 년 전에 마침내 최초의 네발짐승인 양서류가 땅 위로 올라왔답니다. 양서류의 다리는 일부 물고기(6쪽 그림)의 튼튼한 지느러미가 진화한 것이었지요. 하지만 양서류는 어류처럼 피부가 축축하고, 알을 낳으러 물속으로 돌아가야 했어요. (대표적인 양서류인 개구리와 두꺼비는 오늘날에도 그렇답니다.) 그러다가 3억 년 전, 새로운 무리가 나타났어요. 이들은 피부에 비늘이 있고 껍데기가 단단한 알을 낳았으며, 늘 땅 위에서 살았어요. 이들이 바로 파충류랍니다.

트라이아스기의 지구

에우디모르포돈

아시아

유럽

동남아시아

북아메리카

판탈라사

테티스 해

아프리카

남아메리카

인도   오스트레일리아

남극 대륙

에우파르케리아

공룡 시대는 2억 5,100만 년~2억 년 전인 트라이아스기에 시작돼요. 이 무렵 지구의 모든 땅덩이는 판게아라는 거대한 초대륙으로 합쳐져 있었어요. 초대륙 주위에는 판탈라사라는 거대한 바다가 있었지요. 바닷물의 높이는 때에 따라 높아지기도 하고 낮아지기도 했는데, 그럴 때마다 해안선의 모양이 바뀌었답니다. 당연히 대륙들은 오늘날의 지도에 있는 모양과는 아주 달랐어요. 예를 들어 트라이아스기에 인도 대륙은 오늘날 자리 잡고 있는 아시아 남쪽에서 아주 멀리 떨어져, 아프리카와 남극 대륙 사이에 놓여 있었답니다.

트라이아스기에는 거의 모든 지역이 따뜻하고 건조했어요. 모래와 바위투성이 땅에 거친 식물들이 자라는 곳이 많았지요. 이즈음 최초의 공룡이 등장했어요. 공룡은 에우파르케리아 같은 작은 파충류에서 진화했을 거라고 해요. 남아메리카에서는 2억 3,000만 년 전에 헤레라사우루스라는 공룡이 나타났어요. 헤레라사우루스는 몸놀림이 빠르고 이빨이 날카로우며, 몸길이가 3미터인 포식자에요. 초식 공룡인 리오자사우루스는 몸무게가 1톤이나 되었지요.

리오자사우루스

헤레라사우루스

무스사우루스

공룡들은 2억 2,000만 년 전인 후기 트라이아스기에 유럽에서 살았어요. 가장 커다란 공룡 무리에 속하는 플라테오사우루스는 코에서 꼬리까지 몸길이가 8미터로, 무시무시한 오르니토수쿠스가 공격만 하지 않는다면 한가롭게 풀을 뜯는 목이 긴 초식 공룡이지요. 오르니토수쿠스는 공룡이 아니라 조치류(4쪽 참고)라는 선사 시대의 파충류예요. 한편 몸길이 60센티미터의 살토푸스는 너무 작아서 플라테오사우루스를 위협할 만한 동물이 못 되었답니다. 하지만 곤충이나 벌레에게는 굶주린 사냥꾼이었지요. 한편 트라이아스기에는 에우디모르포돈처럼 익룡으로 알려진 날아다니는 파충류가 최초로 나타났습니다.

플라테오사우루스

오르니토수쿠스

살토푸스

북아메리카는 이미 2억 2,500만 년 전에 공룡들이 우글거렸습니다. 몸길이가 3미터인 코엘로피시스는 키가 사람의 가슴 부근에 이르는 정도였고, 무척 호리호리했어요. 뒷다리가 강했기 때문에 재빠른 달리기 선수였지요. 코엘로피시스의 화석은 뉴멕시코의 고스트랜치에서 수백 개가 발견되었어요. 과학자들은 이들을 갑작스러운 홍수로 한꺼번에 죽은 무리의 일부로 보고 있지요.

알고 있나요?

몇 년 전, 아프리카 동쪽에 있는 마다가스카르 섬에서 공룡 화석이 발견되었어요. 이 화석들은 남아프리카에서 발견된 초기 공룡 화석만큼이나 오래된 것이었지요. 따라서 2억 2,800만 년 전에 공룡들이 이미 번성했던 것으로 보입니다.

코엘로피시스

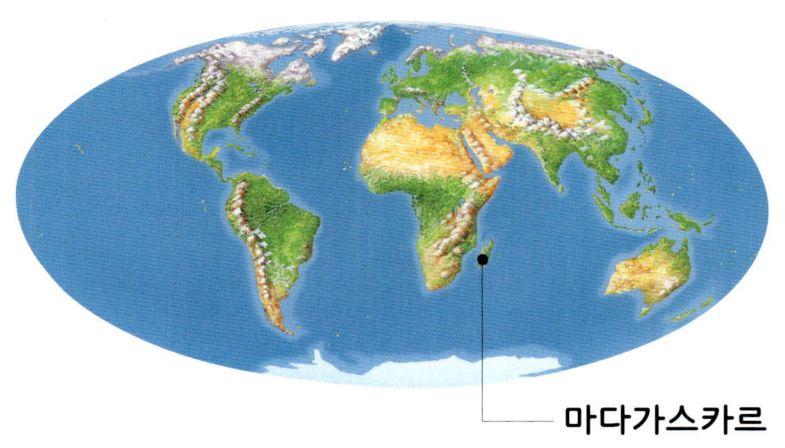

마다가스카르

이 지도는 오늘날 전 세계의 대륙과 바다를 나타낸 거예요.

트라이아스기

쥐라기의 지구

유타랍토르

프테로닥틸루스

2억 년~1억 4,400만 년 전, 쥐라기에 거대한 초대륙이었던 판게아가 두 대륙으로 나누어지기 시작했어요. 북쪽 대륙은 로라시아, 테티스 해 남쪽에 있는 또 다른 대륙은 곤드와나입니다.
대륙의 위치가 바뀌자 기후도 바뀌어 대부분의 지역이 전보다 더 따뜻하고 습기도 많아졌어요. 공룡들이 먹을 녹색 식물이 훨씬 많아짐에 따라 몸집이 어마어마한 공룡들이 나타났지요.

새로운 육식 공룡 무리가 쥐라기에 북아메리카에서 진화했어요. 몸길이가 3미터인 유타랍토르 같은 종류도 여기에 속하지요. 이들은 커다란 낫처럼 생긴 갈고리발톱을 먹잇감에게 휘둘렀어요. 유럽에서 온 프테로닥틸루스 같은 새로운 익룡은 쥐라기의 하늘을 날아다녔답니다.

쥐라기의 공룡 가운데 가장 큰 종에 속하는 몇몇 공룡은 아프리카에 살았어요. 그중에 브라키오사우루스가 있지요. 브라키오사우루스는 몸길이가 24미터가 넘고, 몸무게는 코끼리 10마리를 합한 것보다 더 무거웠어요. 긴 앞다리와 탑처럼 솟은 목을 지닌 이 거대한 공룡은 어마어마하게 커서 5층짜리 건물을 위에서 내려다볼 수 있을 정도였지요. 이빨은 구과 식물의 방울열매나 더 낮은 곳에 자라는 소철류의 잎을 씹기에 알맞도록 작은 끌 모양이었어요.

쥐라기에는 몸집은 작지만 공격하기가 훨씬 더 어려운 아프리카 공룡, 켄트로사우루스도 있었어요. 켄트로사우루스는 등에 강력한 골판이 있고, 꼬리에는 뾰족하고 긴 가시가 있었지요. 가시 달린 꼬리는 무시무시한 무기였답니다. 켄트로사우루스는 크기와 몸무게가 중형 승용차와 비슷했어요. 스테고사우루스 무리에 속하는 이 공룡은 브라키오사우루스와 마찬가지로 땅에서 낮게 자라는 식물을 먹고 사는 초식 공룡이었어요.

브라키오사우루스

켄트로사우루스

디플로도쿠스는 가장 큰 공룡 가운데 하나로 몸길이가 27미터 되었어요. 브라키오사우루스처럼 용각류에 속하며, 쥐라기 말기에 북아메리카에 살았지요. 디플로도쿠스는 꼬리를 적에게 휘둘러 자신을 방어했답니다. 이빨은 어린아이의 손가락보다 작았는데, 뭉툭한 나무처럼 생겼어요. 디플로도쿠스는 이것을 갈퀴처럼 사용하여, 작은 나뭇가지를 끌어와서 잎을 딴 다음, 통째로 삼켰답니다.

알고 있나요?

돌을 먹는 공룡도 있었답니다. 디플로도쿠스 같은 대형 초식 동물들은 어금니가 없었기 때문에 먹을 것을 작은 자갈과 함께 통째로 삼켰어요. 자갈은 크고 튼튼한 공룡의 배 속에서 음식물을 짓이겨 죽처럼 만드는 일을 도왔지요. 매끄러운 자갈들은 공룡 화석과 함께 발견되었는데, 이것을 위석이라고 해요.

디플로도쿠스

이 지도는 전 세계 대륙과 바다의 현재 모습이에요.

쥐라기

북아메리카

쥐라기에는 북아메리카 대륙이 유럽에 아주 가까이 놓여 있었어요. 지금 두 대륙을 갈라놓고 있는 대서양은 당시에는 아직 생기지도 않았지요. 또 오늘날처럼 북아메리카 대륙이 중앙아메리카를 가로질러 남아메리카와 연결되어 있지도 않았어요. 게다가 알래스카와 캐나다 북쪽의 극지방은 겨울에도 얼음이나 눈으로 뒤덮이지 않았답니다. 기후가 아주 따뜻했기 때문에 북아메리카의 드넓은 지역을 뒤덮은 숲에서는 아메리카삼나무와 칠레소나무 같은 침엽수가 주로 자랐고, 은행나무와 공작고사리도 아주 풍부했어요. 이런 식물들은 거대한 쥐라기 공룡들의 좋은 먹이가 되었답니다.

딜로포사우루스는 쥐라기 초기의 거대한 포식자에요. 머리에 뼈로 된 한 쌍의 볏이 도드라져 있지요.

딜로포사우루스

세이스모사우루스

북아메리카에는 여러 종류의 거대한 용각류 공룡이 살았어요. 용각류 공룡은 머리가 작고, 긴 목과 꼬리, 배가 부른 통 모양의 몸통과 코끼리 같은 다리를 가졌지요. 이들은 큰 몸집을 지탱하기 위해서 하루 종일 식물의 잎을 따 먹는답니다. 그중에 세이스모사우루스의 화석은 몇 개밖에 발견되지 않았어요. 몸의 형태는 잘 알려진 용각류인 디플로도쿠스와 비슷하지만, 몸길이는 훨씬 더 커서 40미터쯤 되었을 거라고 해요. 세이스모사우루스라는 이름은 '땅을 뒤흔드는 도마뱀'이라는 뜻이지요. 이 공룡이 울부짖으면 확실히 땅이 울렸을 거예요.

아주 포근한 날씨와 풍부한 비 덕분에 북아메리카의 여러 지역들은 진흙탕이나 습지로 뒤덮여 있었어요. 이런 환경에서 디플로도쿠스와 아파토사우루스는 커다란 나무의 잎을 먹고 살았답니다. 아파토사우루스는 디플로도쿠스보다 작지만 몸무게는 더 무거웠지요. 스테고사우루스는 봉긋 솟아오른 등에 골판이 달려 있는 공룡이에요. 등에 달린 골판이 태양열을 빨아들이는 역할을 했기 때문에 더 따뜻하고 활동적으로 살 수 있었지요. 스테고사우루스는 초식 공룡이지만 뿔이 달린 난폭한 포식자인 케라토사우루스가 덤벼들면 가시 달린 꼬리를 휘둘러 새끼들을 보호했답니다.

아파토사우루스

아시아
알류산 열도
태평양
북

그린란드
유럽
아메리카
아프리카
남아메리카

알로사우루스

카마라사우루스

오르니톨레스테스

1억 5,000만 년 전, 쥐라기 후기에 알로사우루스는 공포의 대상이었어요. 몸길이 11미터, 몸무게 2톤의 이 다부진 육식 공룡은 이빨이 어린아이의 손보다 컸고, 몸놀림은 단거리 경주에서 우승한 사람보다 더 빨랐답니다. 알로사우루스는 20톤이나 되는 용각류 공룡인 카마라사우루스 같은 커다란 먹잇감을 사냥했어요. 오르니톨레스테스 같은 작은 육식 공룡들은 알로사우루스 같은 커다란 육식 공룡이 먹고 남긴 찌꺼기를 먹거나 도마뱀, 개구리, 곤충 따위를 사냥했지요.

디플로도쿠스

케라토사우루스

스테고사우루스

알고 있나요?
몸집이 거대한 공룡들 중 많은 종이 쥐라기에 북아메리카에서 등장한 것으로 알려져 있어요.

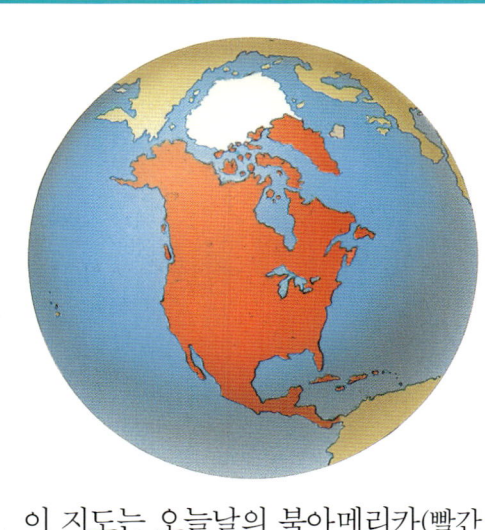

이 지도는 오늘날의 북아메리카(빨간색)를 나타낸 거예요.

쥐라기

유럽

쥐라기의 유럽 대륙은 오늘날과 사뭇 달랐어요. 지금은 마른 땅인 많은 곳들이 당시에는 얕은 바다와 석호(모래가 쌓여 바다와 분리되어 생긴 호수), 호수, 늪지였지요. 다만 오늘날의 프랑스와 스페인이 자리 잡고 있는 일부 지역만이 물 위로 올라와 있었답니다. 이러한 환경은 공룡이 살기에 적합하지 않았어요. 하지만 기후가 따뜻하고 물이 얕아서 온갖 종류의 동물 화석이 만들어지는 데는 알맞은 조건이었지요. 동물들의 시체가 바닷가나 물속에서 썩으면 뼈를 비롯한 단단한 부분은 바다 속으로 가라앉고, 그 위로 모래와 진흙, 개흙이 덮이면서 점점 암석으로 변해 화석이 되었답니다.

람포링쿠스

스켈리도사우루스는 몸 크기가 오늘날의 중간 크기 악어와 비슷해요. 이 공룡은 2억 년 전인 쥐라기 초기에 등장한 것으로 보이는데, 북아메리카와 동아시아, 영국에서 화석이 발견되었어요. 스켈리도사우루스는 단단한 갑옷으로 무장하고, 뼈 뭉치 돌기들로 온몸을 보호했지요. 가시 같은 돌기들이 등과 꼬리에 박혀 있고, 옆구리에는 원뿔 모양의 돌기들이 박혀 있었답니다. 이렇게 온몸을 무장한 스켈리도사우루스는 육식 공룡에 맞서 싸웠어요. 이 무렵에는 디모르포돈, 쥐라기 후기에는 람포링쿠스 같은 익룡이 하늘을 날아다녔답니다.

크기와 종류가 다양한 공룡들이 쥐라기 후기인 1억 5,500만 년~1억 5,000만 년 전, 유럽에서

스켈리도사우루스

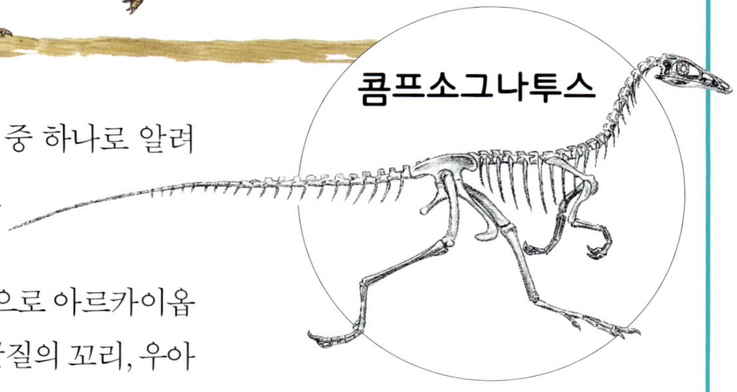

작은 육식 공룡

깃털 달린 공룡

스칸디나비아

유럽

독일

아시아

아르카이옵테릭스

콤프소그나투스

아르카이옵테릭스는 최초의 새 중 하나로 알려져 있어요. 이 새의 화석은 독일 남부, 쥐라기 후기의 암석에서 나왔지요. 이 화석의 발견으로 아르카이옵테릭스가 이빨 달린 부리와 긴 골질의 꼬리, 우아한 깃털까지 있었다는 사실이 밝혀졌답니다. 전문가들은 대부분 이것이 작은 공룡에서 진화한 새라고 생각하고 있어요. 몸길이가 90센티미터밖에 안 되는, 날렵한 육식 공룡인 콤프소그나투스의 뼈대가 아르카이옵테릭스의 뼈대와 아주 비슷하기 때문이에요. 콤프소그나투스도 같은 시기인 1억 5,000만 년 전에 독일 남부에서 살았답니다.

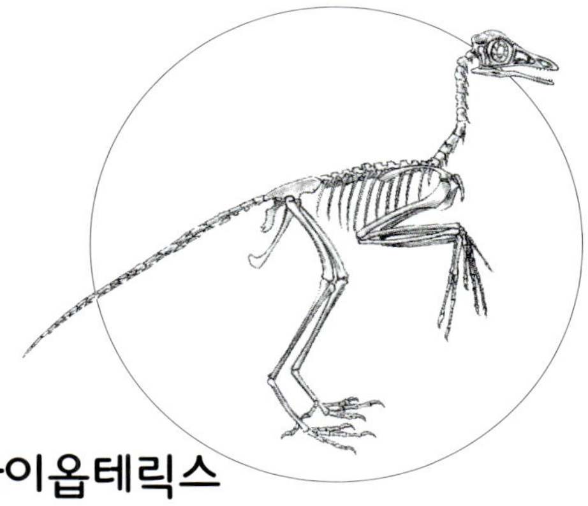

테티스 해

아르카이옵테릭스

인도

어슬렁거리고 다녔어요. 거대한 육식 공룡인 메갈로사우루스는 몸길이 15미터가 넘는 초식 공룡인 케티오사우루스를 사냥할 만큼 몸집이 우람했지요. 또 다른 육식 공룡인 에키노돈은 몸길이가 90센티미터밖에 되지 않았답니다.

알고 있나요?

메갈로사우루스는 약 180년 전 최초로 학명을 붙인 세 공룡 중 첫 번째 공룡이에요. 나머지 두 공룡은 이구아노돈과 힐라이오사우루스랍니다.

케티오사우루스

메갈로사우루스

에키노돈

이 지도는 오늘날의 유럽(빨간색)을 나타낸 거예요.

쥐라기

아시아

거대한 대륙 아시아는 쥐라기에 공룡들로 득시글거렸어요. 그때 아시아는 오늘날처럼 거대한 대륙이 아니었어요. 해수면이 높아 일부 땅들은 물에 잠겨 있었고, 인도 대륙은 보이지도 않았지요. 인도 대륙은 멀리 아프리카 근처에 자리 잡고 있었는데, 수백만 년 동안 천천히 북쪽으로 이동해 아시아 대륙과 하나가 되었답니다. 유럽과 아시아는 오늘날 우랄 산맥을 경계로 붙어 있지만, 쥐라기에는 좁은 만으로 분리되어 있었지요.

에우헬로푸스는 중국에서 발견된 쥐라기 후기의 용각류예요.

에우헬로푸스

익룡은 쥐라기에 아시아 지역에 널리 퍼져 있었습니다.

중국에서 발견된, 난폭하고 강한 포식자인 양추아노사우루스는 몸길이가 9미터예요. 이 공룡은 거대한 용각류인 에우헬로푸스를 사냥했지요.

양추아노사우루스

쥐라기 중기에 공룡들은 동아시아에서 번성했어요. 마멘키사우루스와 또 다른 용각류인 슈노사우루스를 비롯한 거대한 공룡들이 있었지요. 슈노사우루스는 가시 달린 꼬리를 적에게 휘둘렀어요. 투오지앙고사우루스는 스테고사우루스 무리로, 몸길이가 6미터가 넘었어요. 등에 달린 골판과 꼬리의 가시는 난폭한 육식 공룡인 양추아노사우루스에 대항하여 자신을 보호하는 강력한 무기였지요. 몸집이 작은 시아오사우루스는 양치 식물이나 먹이가 될 만한 식물들을 찾아 덤불을 헤집고 다녔답니다.

시아오사우루스

휴양고사우루스

휴양고사우루스는 몸길이가 4미터로, 쥐라기 중기에 중국에서 살았어요. 스테고사우루스 무리의 초기 형태를 띠고 있는 이 공룡은 등에 골판이 있고, 꼬리에 가시가 달려 있었지요. 스테고사우루스 무리는 나중에 다른 대륙으로 퍼졌는데, 특히 북아메리카에 많았답니다.

마멘키사우루스라는 이름은 이 공룡의 화석이 처음 발견된 '마먼'이라는 중국의 하천에서 따온 거예요. 몸길이가 25미터에 몸무게가 25톤이나 나가는 이 용각류는 가장 거대한 공룡 무리에 속하지요. 1억 6,000만 년 전에 살았으며, 지금까지 살았던 어떤 동물보다 목이 길어 그 길이가 15미터나 된답니다. 쥐라기 말기에 이르면 대부분의 용각류가 죽고, 몇몇 종만 백악기까지 살아남았어요.

마멘키사우루스

알고 있나요?

지난 25년 동안, 전 세계에서 공룡 화석과 선사 시대 동물들의 화석이 가장 많이 발견된 곳은 중국이랍니다.

이 지도는 오늘날의 아시아(빨간색)를 나타낸 거예요.

쥐라기

백악기의 지구

이크티오르니스

시베리아

북아메리카

유럽

아시아

대서양

태평양

태평양

아프리카

남아메리카

인도

오스트레일리아

남극 대륙

아마르가사우루스

백악기(1억 4,400만 년~6,500만 년 전)는 로라시아와 곤드와나로 나누어진 거대한 초대륙이 마지막으로 분리된 시기예요. 이때는 거대하고 얕은 바다가 북아메리카와 유럽의 많은 지역을 뒤덮었답니다. 이렇게 얕은 바다의 밑바닥에 석회암이 생겨났지요.(부드러운 흰색 석회암을 뜻하는 '백악'이라는 말에서 백악기라는 이름을 따온 거랍니다.) 기후도 점점 변해 갔어요. 전보다 더 추워지고 더 건조해졌지요. 또한 전 세계에 계절 변화도 생겼답니다.

백악기에는 육식 공룡의 종류가 훨씬 더 많아지고 몸집도 더 커졌어요. 그중에서도 스피노사우루스는 가장 이상야릇한 공룡 무리에 속하지요. 스피노사우루스의 등에는 커다란 돛대 같은 것이 달려있는데, 이 돛대처럼 보이는 것은 피부가 발달한 것이랍니다. 북아메리카에서 발견된 스피노사우루스 화석의 연대는 1억 년 전으로 거슬러 올라가요. 같은 시기에 카르노타우루스는 남아메리카에 살았어요. 이 공룡은 목에 가시가 달린 특이한 용각류였던 아마르가사우루스와 서로 으르릉거렸답니다.

카르노타우루스

스피노사우루스

하드로사우루스 무리는 오리처럼 주둥이의 앞부분이 넓고 편편해서 오리 부리 공룡으로 불려요. 어떤 공룡들은 머리에 속이 빈 뼈로 된 볏이 달려 있었답니다. 이것은 코리토사우루스와 람베오사우루스처럼 소리를 내는 데 쓰였던 것으로 보여요. 에드몬토사우루스는 코에 피부로 된 넓적한 주머니가 늘어져 있었는데, 이것 또한 같은 역할을 했을 거예요.

코리토사우루스

람베오사우루스

에드몬토사우루스

민미

대륙들이 나누어짐에 따라 공룡들도 각자 자기가 살던 땅을 따라 옮겨졌어요. 같은 종의 공룡 무리에서 떨어진 어떤 무리들은 자신들이 사는 지역의 변화한 조건에 맞춰 진화하기 시작했어요. 이러한 변화를 알면 백악기 동안에 왜 그렇게 많은 새로운 종의 공룡들이 등장했는지 이해할 수 있지요. 민미는 갑옷 같은 가죽으로 무장한 안킬로사우루스 무리지만, 다른 안킬로사우루스 무리보다 더 작아서 몸길이가 3미터에 불과했어요. 화석이 발견된 장소인 오스트레일리아의 민미크로싱에서 이름을 따왔답니다. 이들은 1억 1,500만 년 전에 부리 모양의 입으로 식물과 잎을 따 먹었어요.

알고 있나요?

오리 부리 공룡으로 알려진 하드로사우루스 무리는 부리 같은 주둥이의 앞쪽에는 이빨이 없었어요. 하지만 더 안쪽에는 강력하게 씹을 수 있는 어금니가 빼곡히 박혀 있었지요. 어떤 하드로사우루스 무리는 이빨의 수가 1,000개가 넘었답니다.

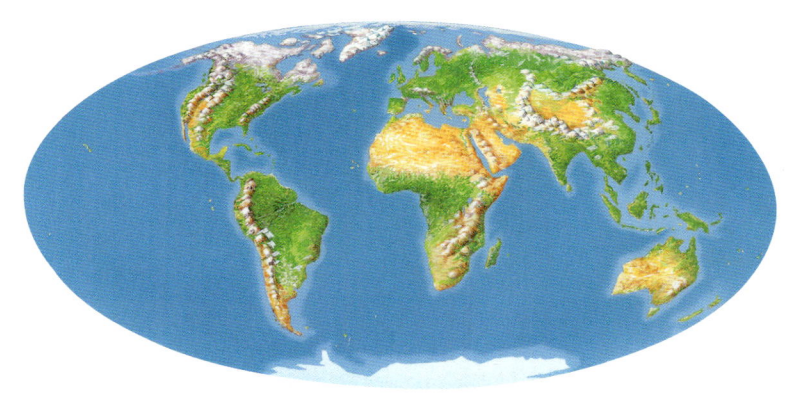

이 지도는 전 세계 대륙과 바다의 현재 모습을 나타낸 거예요.

백악기

북아메리카

백악기에 북아메리카 대륙은 아시아와 연결되어 있었지만, 유럽이나 남아메리카와는 떨어져 있었어요. 오늘날보다 기후가 훨씬 따뜻했기 때문에 지금은 꽁꽁 얼어붙어 있는 북극해에서도 당시에는 얼음을 구경조차 할 수 없었지요. 북아메리카는 따뜻하고 얕은 바다에 의해 몇 개의 커다란 섬으로 나누어져 있었어요. 서부 내륙 해로는 대륙 한복판을 가로질러 북쪽으로는 지금의 허드슨 만, 남쪽으로는 멕시코 만과 이어진답니다. 땅에서는 꽃이 피는 식물과 잎이 넓은 나무들이 한때 북아메리카를 뒤덮었던 침엽수림에 널리 퍼졌어요.

프테라노돈

케찰코아툴루스

백악기의 하늘은 프테라노돈과 케찰코아툴루스 (27쪽 참고) 같은 거대한 익룡들이 지배했답니다.

태평양

북 아 메 리 카 서 부 내 륙 해

데이노니쿠스

데이노니쿠스라는 이름은 '무시무시한 발톱' 이라는 뜻이에요. 난폭한 포식자인 이 공룡은 단검처럼 구부러지고 면도칼처럼 날카로운 이빨과 강력한 턱이 있었답니다. 하지만 가장 치명적인 무기는 양쪽 뒷발에 달린, 커다란 낫처럼 생긴 갈고리발톱이었어요. 길고 뻣뻣한 꼬리 덕분에 몸길이가 소형 승용차만큼 길어 보이지만, 키는 겨우 10살짜리 어린이만 했지요. 데이노니쿠스는 몇 마리가 함께 사냥해 좀 더 커다란 먹잇감을 잡기도 했답니다.

트리케라톱스는 떼를 지어 어슬렁거리며 숲 속을 돌아다녀요. 단단한 뼈로 된 커다란 주름 장식으로 머리와 목을 보호하고 있는 이 공룡은 머리에 커다란 뿔이 세 개 달려 있지요. 이것은 육식 공룡의 공격에 맞서 자신을 지키는 훌륭한 무기였답니다.

트리케라톱스

아시아

그린란드

유럽

리카

아프리카

아메리카

오리 부리 공룡인 파라사우롤로푸스는 머리에 길이가 2미터나 되는 커다란 볏이 있어요. 속이 빈 이 볏은 파라사우롤로푸스가 내는 소리를 크게 키우는 역할을 했을 거예요. 파키케팔로사우루스는 머리가 둥근 구형이지요. 두껍고 단단한 뼈로 된 둥근 머리는 수컷끼리 서로 들이받으면서 싸울 때 사용했답니다.

파라사우롤로푸스

파키케팔로사우루스

에우오플로케팔루스

두꺼운 골판으로 온몸을 빈틈없이 감싼 에우오플로케팔루스는 적의 공격을 아주 잘 막을 수 있었어요. 대못 같은 뾰족한 뿔이 머리와 목을 보호하고, 눈썹까지 뼈로 되어 있었으니까요. 꼬리 끝에는 큼지막한 뼈 뭉치가 달려 있어 곤봉처럼 휘두를 수 있었답니다.

티라노사우루스는 톱니처럼 뾰족뾰족하고 18센티미터나 되는 이빨들이 줄 지어 난 거대한 턱을 가지고 있었어요. 티라노사우루스는 다른 동물에게 달려들어 이빨이나 발로 공격했지요. 작은 앞발로 먹잇감을 잡고 거대한 뒷발의 갈고리발톱으로 먹잇감의 몸통을 가른 다음, 찢어 먹었을 거예요.

알고 있나요?

북아메리카에 살던 목이 긴 용각류는 백악기에 거의 다 죽었답니다. 이런 초식 공룡들은 오리 부리 공룡이나 불룩으로 발전했지요.

티라노사우루스

이 지도는 오늘날의 북아메리카(빨간색)를 나타낸 거예요.

백악기

21

유럽

오늘날 유럽에는 브리튼과 아일랜드라는 두 개의 큰 섬이 있어요. 하지만 백악기로 돌아가 보면, 유럽은 거의 모든 땅이 널따란 얕은 바다에 둘러싸인 섬이었답니다. 바다 위로 드러난 땅은 북쪽의 스칸디나비아 산맥과 몇몇 언덕뿐이었지요. 유럽 동남부의 거의 모든 지역은 물에 잠겨 있었어요. 지금은 우랄 산맥이 자리 잡고 있는 유럽과 아시아의 경계선에는 만이 가로놓여 있었지요.

여러 종의 새로운 공룡들이 이 섬들에서 진화했답니다. 어떤 공룡들은 풍경에 밝은 색채감을 더해 준 풀과 꽃 피는 나무 같은 새로운 식물들을 마음껏 먹을 수 있었지요.

오르니토케이루스

크리오링쿠스

백악기의 익룡들은 쥐라기의 익룡들처럼 꼬리가 길지 않고 짧았어요. 크리오링쿠스는 날개 폭이 5미터가 넘었답니다.

힙실로포돈

오늘날에는 토끼나 쥐 같은 작은 초식성 포유류가 전 세계에 널리 퍼져 있어요. 백악기에도 마찬가지였어요. 단지 토끼나 쥐 대신 힙실로포돈 같은 작은 초식 공룡이 있다는 것만 빼면 말이에요. 힙실로포돈은 몸길이 2미터로 키가 사람의 허리 정도밖에 오지 않았어요. 힙실로포돈 무리는 덤불 숲을 재빨리 가로지르며 부드러운 잎이나 양치 식물을 먹었지요. 힙실로포돈의 화석은 영국과 스페인에서 발견되었답니다.

1억 2,000만 년 전, 지금의 영국 남부의 한 곳에서 무시무시한 포식자인 바리오닉스가 조용히 먹잇감을 기다리고 있었어요. 바리오닉스는 몸길이 10미터, 몸무게 2톤의 커다란 공룡이에요. 낮게 숙일 수 있는 긴 머리와 줄 지어 선 날카로운 이빨이 있는 이 공룡은 물고기 같은 미끄러운 먹잇감을 잡는 데 알맞았지요. 크고 구부러진 엄지 갈고리발톱으로 물고기를 강이나 호수 밖으로 쳐올리면 되었으니까요. 오른쪽 그림에서, 작은 힙실로포돈은 육식 공룡들을 피해 잰 걸음으로 달아나고, 이구아노돈 무리는 부리처럼 생긴 주둥이로 나뭇잎을 끌어당기고 있어요.

이구아노돈

아크로칸토사우루스

이구아노돈은 커다랗고 힘센 초식 공룡으로 몸길이 9미터, 몸무게가 5톤이나 돼요. 수많은 이구아노돈 화석들이 영국과 독일, 스페인을 비롯한 유럽의 여러 지역에서 발견되었답니다. 엄지발가락이 길고 뾰족해서 아크로칸토사우루스 같은 적을 찔러 죽일 수도 있었어요.

알고 있나요?
영국 잉글랜드의 남쪽 끝에 있는 와이트 섬은 백악기에 살던 공룡들의 화석이 줄줄이 발견되어 '공룡 섬'으로 불린답니다.

이구아노돈

힙실로포돈

바리오닉스

이 지도는 오늘날의 유럽(빨간색)을 나타낸 거예요.

백악기

아시아

백악기 내내 전 세계는 습지를 제외한 육지가 오늘날에 비해 절반밖에 되지 않았어요. 바다는 더 넓었으며, 육지는 대부분 가장 큰 대륙인 아시아에 있었지요. 지금은 히말라야 산맥이 자리 잡고 있는 아시아 남부는 산처럼 비죽 솟은 섬들과 석호가 줄줄이 이어져 있었어요. 아시아에서 발견된 백악기의 공룡 화석들은 대부분 아시아 동쪽, 즉 몽골과 중국에서 발견되었답니다.

시노르니스

둥가리프테루스

백악기에는 참새만 한 크기의 시노르니스 같은 새들이 더 많이 하늘을 날았어요. 하지만 어떤 익룡들은 몸집이 어마어마하게 크기도 했지요. 둥가리프테루스는 날개 폭이 3미터가 넘었답니다.

유럽
아라비아
아프리카
인도

오비랍토르

오비랍토르라는 이름은 '알 도둑'이라는 뜻이에요. 이 공룡의 화석은 몽골에서 깨진 공룡의 알 껍데기와 함께 발견되어, 사람들은 오비랍토르가 다른 공룡의 알을 훔쳐 먹었거나 새끼들을 잡아먹었을 거라고 생각했지요. 하지만 지금은 그것이 오비랍토르의 알이고, 오비랍토르는 자기 둥지에서 죽은 것으로 밝혀졌답니다. 그래도 부리처럼 생긴 강한 주둥이가 알을 깨 먹기에 알맞은 것은 사실이에요.

오늘날 몽골은 대부분의 지역이 건조하며 춥고 바람이 많이 불어요. 8,000만 년 전에는 여전히 건조하기는 했지만 좀 더 따뜻하고, 키 작은 관목들이 모래가 많은 흙에서 자랐지요. 탱크처럼 단단한 갑옷으로 무장한 사이카니아는 몸길이가 6미터로, 키 작은 식물들을 우적우적 씹어 먹었답니다. 뼈로 된 뭉툭한 돌기로 몸을 보호하는 사이카니아는 꼬리에 달린 뼈 뭉치를 가까이 접근하는 포식자에게 휘두르곤 했지요. 한편 프로토케라톱스는 오비랍토르에게 알을 도둑맞을지도 모르기 때문에 둥지를 굳게 지켰어요. 또 당시에 가장 빠른 달리기 선수는 부리가 달린 타조형 공룡인 갈리미무스였답니다.

프로토케라톱스 · **벨로키랍토르**

동아시아의 모래 속에서 8,000만 년 전의 화석이 발견되었대요. 놀랍게도 프로토케라톱스와 벨로키랍토르가 싸우다가 죽은 화석이었지요. 프로토케라톱스는 트리케라톱스(20쪽 참고)의 친척으로 돼지만 한 크기의 공룡인데, 난폭한 사냥꾼인 벨로키랍토르의 공격을 받았어요. 프로토케라톱스는 강한 주둥이로 들이받고, 벨로키랍토르는 갈고리발톱을 휘두른 결과 두 마리 다 죽고 말았답니다.

갈리미무스 같은 타조형 공룡은 가장 이상한 무리에 속해요. 이들은 몸이 길쭉하고, 꼬리에 뼈가 있으며 몸에 깃털이 아닌 비늘이 있다는 점을 빼고는 크기와 모양이 오늘날의 타조와 아주 비슷해요. 타조형 공룡들은 달리기에 알맞은 체격 조건을 갖추고 있었어요. 길고 뾰족한 입은 새의 부리를 닮고, 이빨은 대부분 없었지요. 갈리미무스는 식물의 잎과 뿌리, 씨앗이나 곤충, 벌레, 도마뱀 같은 작은 동물들을 쪼아 먹었답니다.

갈리미무스

사이카니아 · 갈리미무스 · 오비랍토르 · 프로토케라톱스

알고 있나요?

백악기에 아시아에서 살던 몇몇 공룡은 몸에 깃털이 있었어요. 하지만 날기에는 앞다리가 너무 작았지요. 이 깃털은 몸을 따뜻하게 하는 데 쓰였을 거예요.

이 지도는 오늘날의 아시아(빨간색)를 나타낸 거예요.

백악기

바다 파충류

공룡은 육지를 지배했지만 바다까지 지배하지는 못했어요. 그 기간 동안 물속에서 살았던 공룡은 없지요. 하지만 물속에서 산 파충류들은 많았어요. 트라이아스기를 거쳐 공룡 시대를 지나기까지 바다에서 살았던 난폭한 대형 파충류 무리는 다양했답니다. 이들은 대부분 물고기와 오징어, 조개류를 먹고 사는 사냥꾼이었지요.

바다 파충류는 여러 가지 면에서 공룡과 비슷했어요. 피부에 비늘이 있고, 잘 볼 수 있는 눈이 있었으며 이빨이 많고, 다리가 넷에 꼬리가 있었지요. 하지만 이들의 다리는 걷거나 달리기 위한 것이 아니라 헤엄치는 데 알맞은 노나 지느러미발 모양이었답니다.

땅에서 사는 공룡이나 하늘을 나는 익룡과 마찬가지로 바다 파충류 또한 공기를 호흡했어요. 물고기처럼 물속에서 숨을 쉴 수는 없었지요. 그래서 바다 파충류들은 수면 근처에서 살면서 신선한 공기를 호흡하기 위해 때때로 머리를 물 밖으로 내밀었답니다.

이크티오사우루스는 가장 빠른 수영 선수에 속해요. 부드러운 유선형의 커다란 꼬리를 좌우로 힘차게 내둘러 물살을 갈랐지요. 이크티오사우루스의 어떤 종들은 쥐라기에서 백악기까지 살았으며, 몸길이가 15미터나 되는 것도 있었답니다.

마크로플라타 (플레시오사우루스 무리)

에우리노사우루스 (이크티오사우루스 무리)

텔레오사우루스(악어류)

트라이아스기에 나타난 최초의 대형 바다 파충류는 플라코돈트 무리와 노토사우루스 무리예요. 노토사우루스는 몸길이가 3미터로, 이들의 화석은 옛날에는 바다 속에 있던 유럽, 아시아, 아프리카의 암석층에서 발견되었답니다. 이들은 먹을 것을 잡으러 잠수했다가 잠깐 쉬기 위해 물갈퀴가 달린 발로 뒤뚱거리며 물가로 올라왔을 거예요. 플라코두스는 노토사우루스보다 작아 몸길이가 2미터였는데, 헤엄을 썩 잘 치지는 못했어요. 이들은 바닷가나 물가를 돌아다니며 조개류를 찾아 크고 편편한 이빨로 껍데기를 부쉈지요.

노토사우루스

플라코두스

이크티오사우루스

어떤 바다 파충류는 몸집이 어마어마하게 컸어요. 엘라스모사우루스는 육지에서 살았던 티라노사우루스보다 몸길이가 더 길어 14미터나 되었답니다. 하지만 그 길이의 대부분은 대단히 길고 가는 목이 차지했어요. 엘라스모사우루스는 수면에서 목을 높이 쳐들고 지느러미발로 걸어다니다가 먹잇감을 발견하면 머리를 쭉 내밀어 길고 날카로운 이빨로 물었답니다.

수면에 사는 동물들은 언제든지 포식자에게 잡아먹힐 위험이 있었어요. 거대한 날개를 퍼덕이며 기회를 엿보던 익룡들이 아래로 내리덮쳐 긴 부리로 먹잇감을 낚아챘으니까요. 프테라노돈은 머리 뒤쪽에 마법사의 모자 같은 괴상한 돌출부가 있었어요. 또 케찰코아틀루스는 지금까지 살았던 날아다니는 동물 중 가장 커서, 날개 폭이 12미터나 되었답니다.

프테라노돈

플레시오사우루스
(플레시오사우루스 무리)

케찰코아틀루스

엘라스모사우루스

이크티오사우루스

쥐라기에 바다는 대형 파충류로 붐볐어요(위). 플레시오사우루스 무리는 큰 몸집에 지느러미발 같은 다리가 있으며, 목이 길고 이빨이 날카로웠어요. 또 이크티오사우루스 무리는 돌고래와 비슷한데, 주둥이가 길고 뾰족했지요. 한편 대개 민물에서 살았던 악어류는 오늘날까지 살아남았답니다.

사라진 공룡들

공룡은 2억 3,000만 년 전 최초로 지구에 등장한 이후 약 1억 6,000만 년 동안 수많은 종으로 진화하여 전 세계에 널리 퍼졌어요. 그 기간 동안 공룡들은 육지를 지배하여 살면서 일부는 죽어서 암석에 화석을 남기기도 했지요. 그러다가 6,500만 년 전에 갑자기 모든 공룡이 사라졌어요. 그래서 백악기 말 이후의 공룡 화석은 발견되지 않는답니다.

공룡만 멸종한 게 아니었어요. 이크티오사우루스 무리와 플레시오사우루스 무리 같은 바다 파충류도 사라졌고, 하늘을 날던 익룡과 바다에서 살던 수많은 종류의 조개류, 수많은 식물들도 자취를 감췄지요. 지구에서 살던 생명체의 4분의 3이 연기처럼 사라진 거예요. 수많은 생명체가 갑작스럽게 한꺼번에 죽는 것을 '대멸종'이라고 해요. 도대체 무엇이 이처럼 무시무시한 재앙을 불러왔을까요? 무엇이 공룡을 모조리 사라지게 했을까요?

운석 충돌
(멕시코 만의 치크술루브)

초대형 화산들의 대폭발
(인도의 데칸 고원)

과학자들은 6,500만 년 전, 거대한 소행성이 지구와 충돌했을 거라고 해요(왼쪽). 또 거대한 화산이 폭발해 어마어마한 양의 화산재와 먼지를 뿌렸을지도 모르지요(아래). 위에 보이는 지도는 이런 사건이 일어났을 거라고 생각되는 지역을 나타낸 거예요.

거대한 소행성이 지구와 충돌했다면 해를 가릴 만한 먼지 구름을 일으켰을 거예요. 화산 폭발로 인한 화산재와 먼지도 같은 현상을 일으키지요. 그 결과 길고 긴 겨울이 시작되어 식물은 시들어 죽고, 공룡은 추위와 먹이 부족으로 죽었겠지요.

6,500만 년 전인 백악기 말은 공룡 시대가 막을 내리는 때였어요. 그렇게 오랫동안 지구를 지배했던 이 거대한 파충류는 이곳저곳에 뼛더미를 수북이 남겨 놓았답니다.

하지만 몇몇 동물은 살아남았어요. 털 달린 이 작은 동물들은 공룡이 지배하던 시절에는 밤에만 먹을 것을 찾아 밖으로 나왔을 뿐 눈에 잘 안 띄는 그늘에서 살았지요. 이 동물이 바로 포유류예요. 공룡이 사라지자 포유류의 세상이 되었지요. 온혈 동물 무리인 포유류와 조류는 전 세계로 퍼져 나가 수많은 종들로 진화하기 시작했어요.

백악기가 끝난 뒤 6,500만 년~180만 년 전까지는 제3기랍니다. 대륙들은 천천히 이동하여 오늘날과 같이 자리를 잡았고, 생명체는 계속 진화하여 수많은 포유류와 조류가 새로 등장했지요. 하지만 고래만 빼면 모든 동물은 공룡의 거대한 크기에 미치지 못했답니다.

공룡의 재발견

우리가 사는 오늘날의 세계는 쥐라기 만큼이나 공룡으로 가득 찬 듯해요. 우리는 박물관이나 놀이 공원, 영화와 책, 만화에서 공룡을 만나지요. 하지만 화려한 몸 색깔이나 땅을 울리는 무시무시한 울부짖음 같은 공룡의 특징들은 명확한 사실이라기 보다는 어림짐작일 뿐이랍니다. 공룡이 우리에게 남긴 것은 화석밖에 없어요. 화석은 뼈와 이빨, 발톱, 뿔 같은 몸의 단단한 일부분이거나 암석에 보존된 흔적이지요. 하지만 화석은 우리가 정성을 기울여 발굴하고 아주 작은 부분까지 속속들이 연구하면 많은 사실을 알려 준답니다.

오랜 세월을 지내 오는 동안 공룡뿐 아니라 갖가지 생명체의 화석이 수없이 발견되었어요. 조개류(1)처럼 단단하고 딱딱한 몸의 일부는 가장 보존되기 쉽지요. 화석은 대부분 물속에서 모래나 진흙에 덮여 단단한 부분이 남음으로써 만들어져요(2). 지층이 만들어짐에 따라 아래쪽에 있는 것들은 압력을 받아 단단한 암석으로 변해 화석이 되지요(3). 수백만 년이 지난 뒤, 지각 변동이나 물, 바람, 얼음 등에 의해 암석이 닳아 없어지면, 일부 화석들은 땅 위로 드러나게 되는 거예요(4). 꼭 몸의 일부만 화석이 되는 것은 아니에요. 진흙에 새겨진 발자국이나 피부의 자국 같은 동물의 흔적도 화석이 될 수 있어요. 자국의 깊이와 자국들 사이의 거리를 통해 우리는 그 동물이 얼마나 빨리 걷거나 달리는지를 알 수 있답니다.

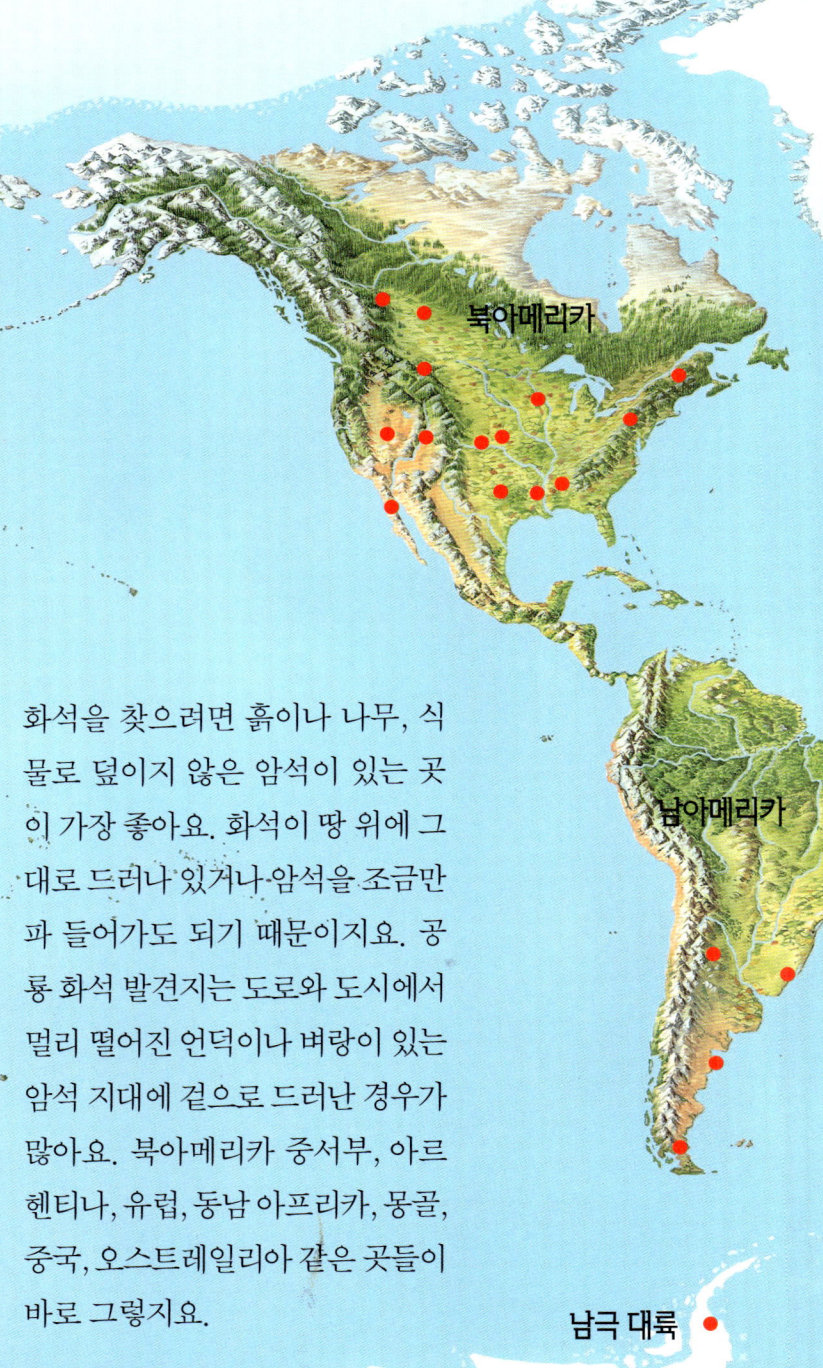

화석을 찾으려면 흙이나 나무, 식물로 덮이지 않은 암석이 있는 곳이 가장 좋아요. 화석이 땅 위에 그대로 드러나 있거나 암석을 조금만 파 들어가도 되기 때문이지요. 공룡 화석 발견지는 도로와 도시에서 멀리 떨어진 언덕이나 벼랑이 있는 암석 지대에 겉으로 드러난 경우가 많아요. 북아메리카 중서부, 아르헨티나, 유럽, 동남 아프리카, 몽골, 중국, 오스트레일리아 같은 곳들이 바로 그렇지요.

화석을 연구하는 고생물학자들은 땅속에서 화석을 파내기 위해 온갖 정성을 기울여 작업을 해요. 흙이나 푸석푸석한 덩어리들은 곡괭이나 삽으로 퍼내지요. 작은 암석 조각들은 망치와 끌, 정 같은 도구를 써서 더욱더 조심스럽게 분리하고요. 푸석푸석한 모래나 먼지는 칫솔 같은 부드러운 솔로 조심스럽게 털어 냅니다. 암석과 화석은 발굴 단계마다 측정하고, 그림으로 그리고, 사진을 찍고, 글로 남긴 다음 작업을 진행해 나가요. 각 단계에서 드러난 사소한 것들도 나중에는 중요한 것이 될 수 있기 때문이에요. 어떤 화석과 암석 덩어리는 쉽게 부서지기도 해요. 그런 화석이나 암석은 작업실로 옮기기 전에 다리가 부러졌을 때 깁스를 하듯이 석고로 고정시키는 작업을 해야 한답니다.

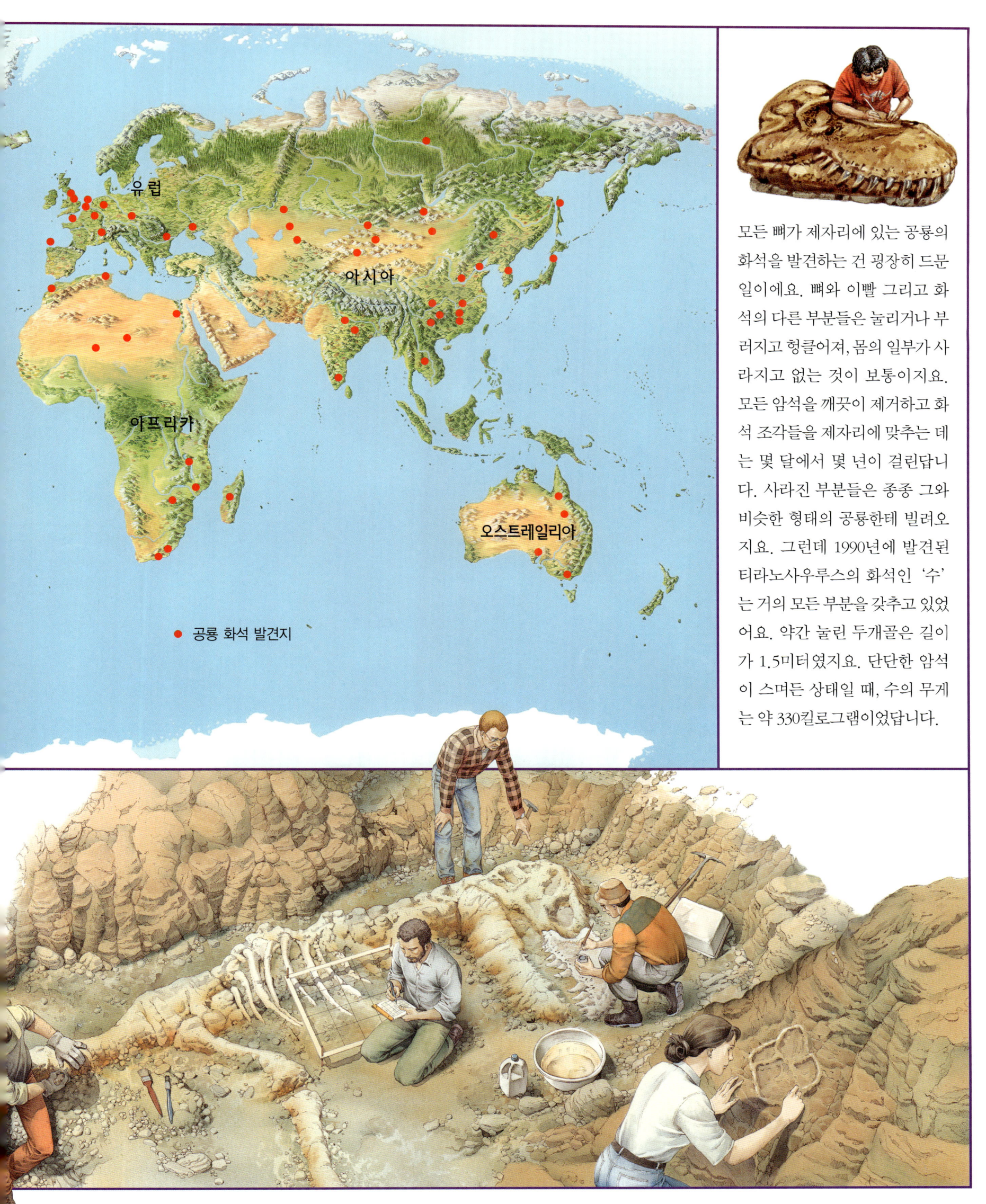

유럽
아시아
아프리카
오스트레일리아

● 공룡 화석 발견지

모든 뼈가 제자리에 있는 공룡의 화석을 발견하는 건 굉장히 드문 일이에요. 뼈와 이빨 그리고 화석의 다른 부분들은 눌리거나 부러지고 헝클어져, 몸의 일부가 사라지고 없는 것이 보통이지요. 모든 암석을 깨끗이 제거하고 화석 조각들을 제자리에 맞추는 데는 몇 달에서 몇 년이 걸린답니다. 사라진 부분들은 종종 그와 비슷한 형태의 공룡한테 빌려오지요. 그런데 1990년에 발견된 티라노사우루스의 화석인 '수'는 거의 모든 부분을 갖추고 있었어요. 약간 눌린 두개골은 길이가 1.5미터였지요. 단단한 암석이 스며든 상태일 때, 수의 무게는 약 330킬로그램이었답니다.

찾아보기

ㄱ
가시 5, 11, 12, 14, 16, 17, 18
갈고리발톱 10, 20, 21, 22, 25
갈리미무스 24, 25
갑옷 5, 14, 19, 24
개구리 7, 13
거북 4
고래 29
고스트랜치 9
고양이 4
곤드와나 10, 18
곤충 6, 7, 13, 25
골판 5, 11, 12, 16, 21
공룡 섬 23
공룡 화석 발견지 30~31
구과 식물 11
꽃 피는 식물(나무) 6, 20, 22

ㄴ
네발짐승 7
노토사우루스 26
노토사우루스 무리 26
녹색 식물 10

ㄷ
데본기 6
데이노니쿠스 20
데칸 고원 28
도마뱀 4, 5, 13, 25
돌기 14, 24
돼지 25
두꺼비 7
둥가리프테루스 24
디메트로돈 7
디모르포돈 14
디플로도쿠스 5, 11, 12~13
딜로포사우루스 12

ㄹ
람베오사우루스 19
람포링쿠스 14
로라시아 10, 18
리오자사우루스 8

ㅁ
마다가스카르 섬 9
마멘 17
마멘키사우루스 16~17
마크로플라타 26
메갈로사우루스 15
무스사우루스 8
물갈퀴 26
민미 19
민미크로싱 19

ㅂ
바다 파충류 26, 27, 28
바닷말 7
바리오닉스 22-23
반룡류 7
백악기 6, 7, 18~25, 28~29
뱀 4
벨로키랍토르 25
브라키오사우루스 11
비늘 4, 5, 7, 25, 26
뼈 뭉치 14, 21, 24
뿔룡 21

ㅅ
사이카니아 24~25
살토푸스 9
서부 내부 항로 20
석탄기 6
석회암 18
선캄브리아기 6
세이스모사우루스 12
소철류 11
소행성 28
수각류 5
슈노사우루스 16-17
스켈리도사우루스 14
스테고사우루스 12~13
스테고사우루스 무리 11, 16, 17
스피노사우루스 18
시노르니스 24
시아오사우루스 16
실루리아기 6

ㅇ
아르카이옵테릭스 15
아마르가사우루스 18
아크로칸토사우루스 23
아파토사우루스 12
악어 4, 5, 14
안킬로사우루스 무리 19
알로사우루스 13
양서류 6, 7
양추아노사우루스 16, 17
양치 식물 16, 22
어류 6, 7
엉덩이뼈 5
에드몬토사우루스 19
에우디모르포돈 8, 9
에우리노사우루스 26
에우스테노프테론 6
에우오플로케팔루스 21
에우파르케리아 8
에우헬로푸스 16
에키노돈 15
엘라스모사우루스 27
오르니토수쿠스 9
오르니토케이루스 22
오르니톨레스테스 13
오르도비스기 6
오리 부리 공룡 19
오비랍토르 24
오징어 26
온혈 동물 29
와이트 섬 23
용각류 5, 11, 12, 13, 16, 17, 18, 21
용반목 5
우랄 산맥 16, 22
원시 노래기류 7
원시 파충류 4
위석 11
유타랍토르 10
육상 식물 6
이구아노돈 15, 22-23
이크티오르니스 18
이크티오사우루스 26~27
이크티오사우루스 무리 26, 28
익룡 9, 10, 14, 16~17, 20, 22, 24, 26~27

ㅈ
제3기 6, 29
제4기 6
조개류 6, 26, 28, 30
조류 6, 29
조반목 4, 5
조치류 4, 9
좌골 5
주름 장식 20
쥐 22
쥐라기 6, 7, 10~17
지느러미발 26, 27

ㅊ
치골 5
치크술루브 28
침엽수림 20

ㅋ
카르노타우루스 18
카마라사우루스 13
캄브리아기 6
케라토사우루스 12~13
케찰코아틀루스 20, 27
케티오사우루스 15
켄트로사우루스 11
코끼리 11
코리토사우루스 19
코모도왕도마뱀 4
코엘로피시스 9
콤프소그나투스 15
크리오링쿠스 22

ㅌ
타조 25
타조형 공룡 24, 25
텔레오사우루스(악어류) 26
토끼 22
투오지앙고사우루스 16~17
트라이아스기 6, 7, 8~9, 26
트리케라톱스 20, 25
티라노사우루스 21, 27, 31

ㅍ
파라사우롤로푸스 21
파충류 4, 6, 7, 27
파키케팔로사우루스 21
판게아 7, 8, 10
판탈라사 8, 10
페름기 6, 7
포식자 8, 12, 16, 20, 22, 24, 27
포유류 6, 22, 29
프로토케라톱스 24~25
프테라노돈 20, 27
프테로닥틸루스 10
플라코돈트 무리 26
플라코두스 26
플라테오사우루스 9
플레시오사우루스 27
플레시오사우루스 무리 27, 28

ㅎ
하드로사우루스 무리 19
해파리 7
헤레라사우루스 8
현생 인류 6
화산 폭발 28
화산재 28
휴양고사우루스 17
힐라이오사우루스 15
힐로노무스 7
힙실로포돈 22~23

감수 마이클 J. 벤튼

마이클 J. 벤튼은 에딘버그 왕립 학회의 회원이고 브리스톨 대학교 지구과학부의 척추동물 고생물학 교수이다.
그는 최근 트라이아스기 파충류의 진화에 대해 집중적으로 책을 출간하였으며, 또한 화석 기록에서
동물 변화와 멸종사에 대해서도 연구하고 있다. 마이클 J. 벤튼은 여러 고생물학 교과서와 아동서의 저자이며,
동시에 영국 BBC 방송사의 '공룡과 걸으며'를 포함한 많은 매체물에 자문 활동을 하고 있다.

글 스티브 파커

스티브 파커는 자연 분야, 생물학, 응용과학 그리고 일반 과학 도서의 전문 기획자이자 저자, 편집인으로,
젊은 독자들을 위한 책에서부터 가족 참고서 및 준학술 분야까지 저작 활동 범위가 넓게 펼쳐져 있다.
스티브 파커는 동물학 학위를 가지고 있으며, 런던 동물학회의 선임 과학 회원으로 활동하고 있다.
런던 자연사 박물관에서 일해 왔으며 돌링 킨더슬리와 헤이마켓 등을 포함한 저명한 출판사들을 통해
250권 이상의 책을 출간하고, 150권 이상의 책을 편집 및 기획하였다.

그림 피터 데이비드 스콧 · 개리 힝크스

항상 박물학에 관심을 가지고 있었던 피터 데이비드 스콧은 야생 생물 일러스트를 공부하기로 결심하고,
처음에는 캐나다의 헐에서, 그리고 영국의 리즈에서 졸업 학위를 받았다. 이후 낡은 차를 끌고 트란스발,
짐바브웨 등을 여행하며 아프리카에서 야생의 자연과 동물들의 사진을 찍고 스케치를 하는 시간을 가졌다.
피터 데이비드 스콧은 20년이 넘도록 리더스 다이제스트, 하퍼 콜린스, 랜덤 하우스, 어스본, 오르페우스,
템플러, 디즈니, BBC, 돌링 킨더슬리 등 저명한 출판사들과 함께 일해 오고 있으며, 최근에는 내셔널
지오그래픽을 위한 일을 준비 중이다.

개리 힝크스는 레스터 예술대학에서 그래픽 아트를 공부한 아티스트이자 일러스트레이터이며 디자이너이다.
제임스 가드너의 전시회 그래픽 디자이너로 지질학 박물관에서 지구 이야기에 관한 그래픽을 제작하였으며,
에인트호벤의 에볼루온 과학박물관에서 일하다가 칼라일 예술대학에서 그래픽을 가르친 후 프리랜서가 되었다.
자연사 박물관, 영국 지질조사회, 오르페우스 및 W.W. 노턴 뉴욕, BBC 월드와이드 등 전 세계 많은 출판사와
텔레비전에서 지구 활동(BBC TV의 유럽의 탄생과 대륙의 생성)에 관한 전문적인 일러스트를 그리고 있다.
이안 해밀턴 핀라이와 30년 동안 활동하면서 그린 그림은 테이트를 비롯한 국제 예술박물관에서 볼 수 있다.